Hubert Kito Kasongo-Nyembo

La narration dans l'épopée Soundjata

AF548823

Hubert Kito Kasongo-Nyembo

La narration dans l'épopée Soundjata

Éditions Muse

Imprint

Any brand names and product names mentioned in this book are subject to trademark, brand or patent protection and are trademarks or registered trademarks of their respective holders. The use of brand names, product names, common names, trade names, product descriptions etc. even without a particular marking in this work is in no way to be construed to mean that such names may be regarded as unrestricted in respect of trademark and brand protection legislation and could thus be used by anyone.

Cover image: www.ingimage.com

Publisher:
Éditions Muse
is a trademark of
Dodo Books Indian Ocean Ltd. and OmniScriptum S.R.L publishing group

120 High Road, East Finchley, London, N2 9ED, United Kingdom
Str. Armeneasca 28/1, office 1, Chisinau MD-2012, Republic of Moldova, Europe
Printed at: see last page
ISBN: 978-620-4-96559-8

Copyright © Hubert Kito Kasongo-Nyembo
Copyright © 2023 Dodo Books Indian Ocean Ltd. and OmniScriptum S.R.L publishing group

LA NARRATION DANS L' EPOPEE SOUNDJATA

Par **Kito Kasongo-Nyembo Hubert**

INTODUCTION

En littérature orale africaine, l'épopée pose de sérieux problèmes de classification, car elle ne présente aucune unicité dans sa forme et dans son contenu. En effet, elle contient à la fois de la prose (passages narrés), de la poésie (passages chantés) et exploite un contenu plurithémique. Elle se présente comme une mosaïque des genres de la tradition orale : on y trouve des mythes, des légendes, des proverbes, des chants, etc. C'est pour cette raison que les spécialistes de la littérature orale classent l'épopée parmi les genres complexes.

Quant à sa fonction, un récit épique éduque, récrée, renseigne sur le passé, etc. Il ne peut cependant être confondu avec un document historique car, comme toute création littéraire, il poétise le réel et l'idéalise.

Soundjata ou l'épopée mandingue est une œuvre de l'Afrique de l'ouest construite autour de la fondation de l'empire du Mali par Soundjata Keita. La version que nous analysons a été récitée par Mamadou Kouyaté et transcrite et adaptée par Djibril Tamsir Niane.

Cette étude se situe dans ce qu'il conviendrait d'appeler l'approche structuraliste. En effet, elle part des unités pertinentes dont la combinaison construit le texte et le sens. L'étude de l'épopée, texte littéraire et manifestation de la langue, se fera au moyen de divers réseaux (ou structures) servant à l'analyse linguistique : grammaticale, syntaxique, rhétorique, phonétique, etc. Nous ferons également appel à la culture et à l'expérience pour mieux comprendre notre texte d'analyse. L'organisation de la narration constitue déjà la structure même de l'épopée, car c'est pratiquement autour de celle-ci que viennent s'agglutiner les genres de la littérature orale ainsi que les figures de style qui font de l'épopée un texte vraiment littéraire.

Nous dirons à la suite de Roland Barthes que « *le but de toute activité structuraliste, qu'elle soit réflexive ou poétique, est de constituer un « objet » à manifester dans cette constitution les règles de fonctionnement (les « fonctions ») de cet objet. (...)*
L'homme structural prend le réel, le décompose puis le recompose ; c'est fort peu de chose... (...) Le simulacre, c'est l'intellect ajouté à l'objet, et cette addition a une valeur anthropologique, en ceci qu'elle est l'homme même, son histoire, sa situation, sa liberté et la résistance même que la nature oppose à son esprit » (BARTHES R. cité par SIMONIS Y., 1968, p.339)

Notre analyse se basera également sur la méthode d'observation. Les techniques d'observation utilisées s'appuient sur les textes et documents qui permettront de mieux cerner l'existence des structures narratives dans l'épopée Soundjata.

Dans les lignes qui suivent, nous allons examiner l'organisation de la narration, la manière dont les faits sont racontés dans l'épopée Soundjata. Il s'agit en clair de relever et d'analyser l'ensemble des procédés utilisés dans la mise en récit de cette épopée africaine. Pour y parvenir, nous aborderons les points ci-après :

- Auteur, narration et personnage
- Technique des points de vue
- Hétérogénéité du récit : pauses narratives
- Hétérogénéité du récit : récit diégétique.

A la fin de cette étude nous proposons le contenu sémantique de l'épopée mandingue pour une meilleure compréhension.

I. Auteur, narrateur et personnage

Le Dicos Encarta 2009 définit l'auteur comme la personne qui écrit ou a écrit des livres ou un texte (de n'importe quel domaine) destinés à la publication.

En littérature, l'auteur est synonyme d'écrivain. Ce point de vue, qui fait de l'auteur d'un récit celui qui le met par écrit, semble privilégier l'écriture par rapport à l'oralité. Et pourtant l'oralité et l'écriture se réfèrent toutes deux nécessairement à la langue qui est un système de communication. Affirmer que la culture orale est inférieure à la culture de l'écrit est donc subjectif, car l'oralité et l'écrit coexistent.

Revenant à la définition qui met en exergue l'écriture, nous pouvons affirmer que le livre *Soundjata ou l'épopée mandingue*, est l'œuvre de Djibril Tamsir Niane tiré de la parole d'un griot. Ce nom de Djibril appartient à une personne qui existe réellement et qui possède un corps et une personnalité propre. Bien que transcrit par Djibril Tamsir Niane, dénommé ici auteur, cette œuvre a cependant été narrée par le griot Djeli Mamoudou envers qui l'auteur exprime toute sa reconnaissance et traduit son admiration. Ce narrateur est, comme l'auteur, une personne réelle, ce qui entre en contradiction avec la définition classique qui fait du narrateur un personnage de fiction dont la fonction se limite à raconter l'histoire.

En littérature orale traditionnelle, le griot qui remplit la fonction de narrateur, n'est pas un être de papier ; il était, en Afrique antique, le conseiller du roi et détenait un savoir prodigieux sur l'histoire du royaume et de la tradition.

Nous avons constaté que dans l'épopée Soundjata, le narrateur intervient régulièrement au cours du récit pour parler de lui-même. Ainsi, le griot est en même temps devin car, dit-il, « *nous autres griots, nous sommes dépositaires de la science du passé, mais qui connaît l'histoire d'un pays peut lire dans son avenir* ». (p.79.) Un peu plus loin, il définit son métier en déclarant que « *les griots sont les hommes de la parole* » et que cette parole donne vie aux gestes des rois.(p.117.) A la fin du récit, il affirme que sa science, loin d'être le produit d'un quelconque hasard, est la résultante d'une formation solide : « *Pour acquérir ma science j'ai fait le tour du Manding ; à Kita j'ai vu la montagne où dort le lac aux eaux bénites, à Segou, j'ai appris l'histoire des rois de Do et de Kri…* » (p.153.)

Très souvent, dans les récits épiques, les personnages sont des êtres humains, des oiseaux, des animaux, des esprits, des montres croquemitaines ou des éléments naturels. En effet, dans cette épopée, les êtres humains sont aussi bien adjuvants qu'opposants du héros, comme nous le verrons plus loin. Les oiseaux, quant à eux, ils remplissent presque exclusivement le rôle d'adjuvant. C'est ainsi que les hiboux sont utilisés mystérieusement dans la communication entre Soundjata et son ennemi Soumaoro, avant la bataille décisive de Krina.

II. Technique des points de vue

D'après l'encyclopédie Encarta 2009, la narration s'organise à partir d'un ou de plusieurs points de vue qu'on appelle aussi ''foyers d'énonciation'' ou, selon Gérard Genette, ''focalisations''. Il existe trois principaux types de points de vue qui peuvent structurer l'ensemble du récit, à savoir : le point de vue omniscient, le point de vue ou focalisation externe et le point de vue ou focalisation interne.

Dans le point de vue omniscient, le narrateur maîtrise parfaitement les événements relatés ; il connaît dans leurs détails, et en profondeur, les faits objectifs et l'âme de tous ses personnages. Le point de vue externe, ou focalisation externe, est celui par lequel le narrateur se contente de décrire des faits objectivement observables. Ce procédé est couramment employé dans le récit policier pour entretenir le suspens. Il évite toute description psychologique des personnages et donne ainsi au lecteur une très forte impression d'objectivité.

Dans la focalisation interne, par contre, le narrateur est un personnage du récit. Il raconte, selon sa volonté, ce qu'il connaît : ce qu'il a vu, ressenti et compris. Ce procédé est fréquemment utilisé dans des autobiographies et des récits épistolaires.

Le type de point de vue le plus attesté dans l' épopée Soundjata est celui omniscient. En effet, comme le démontrent les extraits choisis à titre illustratif, le griot ou le narrateur connaît de manière approfondie les faits et l'âme des personnages.

Dans ce passage de l'épopée Soundjata, le griot raconte avec précisions la chute de Soumaoro, le roi puissant de Sosso, atteint par la flèche fatale de son adversaire Soundjata : « ... *Soundjata... tendit son arc. La flèche partit, elle toucha Soumaoro à l'épaule, l'ergo de coq ne fit que l'égratigner, mais l'effet fut immédiat et Soumaoro sentit ses forces l'abandonner ; ses regards rencontrèrent ceux de Soundjata ; tremblant maintenant comme un homme saisi par la fièvre, le vaincu leva les yeux vers le soleil, vit passer au-dessus de la mêlée un grand oiseau noir et il comprit. C'était l'oiseau du malheur.*

-« L'oiseau de Krina, murmura-t-il. »

Le roi de Sosso poussa un grand cri et tournant la bride il s'enfuit. » (p.120.)

Il convient de constater ici que les deux ennemis se rencontrent dans le champ de bataille à Krina où leurs armées s'entretuent. Soumaoro est un roi invulnérable. Il a été trahi par l'une de ses nombreuses femmes, Nana Triban, la sœur de Soundjata qui a communiqué à son frère le secret d'invulnérabilité de son mari. Seule une flèche en bois, avec à la pointe un ergot de coq, pouvait le blesser.

III. Hétérogénéité du récit : pauses narratives

Les passages qui, dans un récit, interrompent la progression de celui-ci sont des pauses narratives. Il en est ainsi de la description et du discours.

La description peut concerner un paysage ou un objet inanimé. Elle introduit dans ce cas des informations sur un état de chose, sur un lieu, un décor ou une ambiance. La description devient portrait lorsqu'elle donne les traits physiques ou moraux d'un personnage du récit.

Quant au discours, il développe la pensée d'une personne ou d'un personnage. Il prend la forme du style direct ou celle du style indirect.

3.1. Description des paysages ou objets inanimés

La description des paysages est à peine perceptible dans l'épopée Soundjata comme on peut le constater lorsque le narrateur parle de Koulikoro, montrant de loin les collines qui annoncent ce village (p.122.) ou quand il nous présente la grotte béante de ce lieu où, dans sa fuite, Soumaoro s'est enfoncé. Tout ce que nous savons de cette grotte est qu'elle n'est pas éclairée et qu'elle communique avec le fleuve. (p.123.) Par ailleurs, la montagne de la ville de Kita nous est présentée comme un grand massif qui domine la ville et au milieu duquel se trouve une petite mare aux eaux magiques. (p.129.)

Quant à la description d'objets inanimés, elle est plutôt sobre dans l'épopée Soundjata. La barre de fer sur laquelle soundjata va s'appuyer pour faire ses premiers pas est énorme de telle sorte qu'elle ne peut être soulevée que par six apprentis. (p.46.) Un peu plus loin dans le récit, l'habitation du roi Mansa Konkon n'est pas décrite avec force détails :

> « *Le roi habitait dans un véritable labyrinthe ; après plusieurs détours à travers des couloirs obscurs, un serviteur laissa Djata dans une salle faiblement éclairée.* » (p.60.)

De même, le narrateur nous donne cette brève et élémentaire description du palais royal de Wagadou : « *Le palais du roi de Wagadou était une construction imposante ; les murs étaient très haut ; on eut dit que c'était une habitation pour les génies et non pour les hommes.* » (p.66.)

La chambre la plus secrète du palais de Soumaoro possède, quant à elle, des murs tapissés de peau humaine. Le narrateur renforce le caractère macabre de cette pièce par la présentation de son contenu :

> « *Autour d'une jarre, neuf têtes de morts formaient un cercle. Lorsque Balla Fasséké avait ouvert la porte, l'eau de la jarre s'était troublée et un serpent monstrueux avait levé la tête... sur un perchoir, trois hiboux...semblaient dormir ; au mur du fonds étaient accrochées des armes aux formes bizarres : des sabres recourbés, des couteaux à triple tranchant.* » (p.75.)

Signalons cependant que dans Soundjata, aucune description ne relève de l'évocation poétique dans la mesure où l'on ne rencontre nulle part la superposition d'un paysage et de l'état d'âme d'un personnage.

3.2. Portrait

Le portrait relève également de la description. Il se rapporte aux personnages dans le récit et fait état de leurs traits physiques, psychologiques, moraux ou sociaux.

A. Le héros

Le héros est, sur le plan physique, de sexe masculin ; la force extraordinaire le caractérise dès sa plus tendre enfance.

Le narrateur nous renseigne que Soundjata

> *« n'avait rien de la grande beauté de son père Naré Maghan ; il avait de gros yeux qu'il ouvrait tout grands quand quelqu'un entrait dans la case de sa mère. Peu bavard, l'enfant royal passait tout le jour assis au milieu de la case ; quand sa mère sortait, il se traînait à quatre pattes pour fureter dans les calebasses à la recherche de nourriture. »* (p.37.)

Notons incidemment que la laideur du héros traduite par ce passage est celle héritée de sa mère Sogolon Kedjou. L'enfant est resté perclus jusqu'à l'âge de sept ans.

Au niveau social, Soundjata est descendant de la famille royale. Il appartient à l'aristocratie traditionnelle.

Sur le plan moral, Soundjata est un grand leader qui combat pour la liberté et le bien-être de son peuple. Toutes ses actions, même les plus ignobles, militent en faveur des populations. Il édicte des lois pour rétablir l'équité au sein de son peuple.

B. Autres personnages

De nombreux personnages du récit épique de Soundjata ne possèdent aucun trait physique. On les reconnaît à leurs traits moraux et psychologiques. Tel est le cas pour Sassouma Bérété (reine du Manding). En effet, elle est une méchante femme. Elle torture sa coépouse Sogolon et ses enfants de telle sorte que ceux-ci n'ont pas d'autre choix que la voie d'exil. Sa jalousie extrême à l'égard de Soundjata nourrit en elle des projets multiples pour attenter à la vie de ce dernier.

A côté de ces personnages se trouvent ceux dont, en plus du portrait moral et psychologique, le portrait physique est peint sommairement. Il convient de citer, à titre illustratif, le roi Maghan (père de Soundjata) et Sogolon Kedjou (mère de Soundjata).

Le roi Maghan Kon Fata est d'une beauté légendaire. Bon roi aimé de tout le peuple, il est respectueux des prédictions des devins et lègue, avant de mourir, sa royauté à Soundjata, même si le testament est bafoué après sa mort. Sogolon Kedjou, de son côté, est une femme très laide. Lorsqu'on la présenta au roi Maghan,« *elle se tenait agenouillée, la tête baissée,*

elle avait laissé volontairement son foulard pendre
devant son visage. Si la jeune fille arrivait à cacher
son visage, elle n'arrivait pas toute fois à camoufler
la bosse qui déformait ses épaules et son dos ; elle

> *était laide, d'une laideur robuste, on voyait ses bras musclés et ses seins gonflés poussant fermement le solide pagne de cotonnade noué juste sous l'aisselle ; le roi la considéra un moment et le beau Maghan détourna la tête... » (p.23.)*

En dépit de sa laideur robuste, cette femme est une grande sorcière crainte de tous. Sa magie a une telle puissance qu'elle réussit à elle seule à neutraliser tous ses adversaires et à protéger ses enfants.

3.3. Discours

Le discours est l'expression d'une subjectivité dans la mesure où il développe la pensée d'une personne ou d'un personnage, comme dit plus haut. De ce point de vue, le commentaire, l'analyse, le raisonnement et la persuasion relèvent du discours.

Dans l'épopée mandingue, le discours est tantôt prononcé par le narrateur, tantôt par les personnages du récit. Concernant le premier cas, le narrateur exprime ses opinions en affichant sa subjectivité (à la première personne du singulier) ou en restant neutre. Sa pensée est ainsi exprimée au style direct sans être encadrée par les guillemets. Au second cas, le discours est inséré dans la narration au style direct ou au style indirect.

Tout au début, le griot décline son identité à la première personne du singulier. Il retarde ainsi l'action :

> *« Je suis griot. C'est moi Djeli Mamoudou Kouyaté, fils de Bintou Kouyaté et de Djeli Kedian Kouyaté, maître dans l'art de parler. Depuis des temps*

> *immémoriaux les Kouyaté sont au service des princes Kéita du Manding : nous sommes les sacs à paroles, nous sommes les sacs qui renferment des secrets plusieurs fois séculaires.* » (p.7.)

Par métaphorisation, le griot se définit comme un sac qui contient des objets. Mais ces objets relèvent de l'abstraction, car il s'agit des paroles, des secrets des Dynasties entières. Le griot se présente ici comme le grand dépositaire du savoir traditionnel, la ''bibliothèque'' de la tradition, pour reprendre l'expression chère à Amadou Hampâté Bâ. Son savoir est le produit de l'héritage de père en fils. Le narrateur se présente ainsi lui-même d'un bout à l'autre des deux premiers pages de l'ouvrage.

Sur la même lancée, le narrateur nous présente à la seconde partie de l'ouvrage, de la page quatorze à la page dix-sept, la généalogie des rois qui se sont succédés au Manding. Il attire l'attention de son auditoire par l'usage de cette forme impérative qui ouvre le chapitre : « *Ecoutez-donc, fils du Manding, enfant du peuple noir, écoutez ma parole…* ». (p.14.)

De la page soixante-dix-neuf jusqu'au troisième paragraphe à la page quatre-vingts, le narrateur prépare son auditoire à écouter les « *grands moments de l'histoire de la vie de Soundjata* » après l'exil. Il présente les griots comme de grands historiens des rois et des royaumes. De plus, il glorifie la parole au détriment de l'écriture qui, selon lui, tue la mémoire et manque la chaleur de la voix humaine. Il présente ensuite le savoir comme ce qui s'oppose à la conception occidentale de la science. D'après Djibril Tamsir Niane, les griots traditionnalistes pensent que « *les Blancs ont rendu la science vulgaire ; quand un Blanc sait quelque chose tout le monde le sait* ».

Par ailleurs, de nombreuses pauses narratives sont marquées par des réflexions du narrateur à travers tout le récit. En effet, au premier paragraphe de la page trente-sept, le griot parle de la prédestination et de la grandeur des mystères insondables de Dieu. A la page cinquante-huit au cinquième paragraphe, il évoque le destin de l'homme que rien ne peut infléchir. Parlant de la sagesse humaine, il évoque la valeur des proverbes en ces termes :

> « *Les deux frère se rentrèrent en se renvoyant des proverbes. La sagesse des hommes est contenue dans les proverbes et quand les enfants manient les proverbes, c'est signe qu'ils ont profité du voisinage des adultes.* » (p.60.)

Au second paragraphe de la page cent quarante-neuf, le griot réfléchit sur le leadership et le pouvoir politique. Il distingue ainsi trois catégories des rois. La première catégorie est celle de ceux qui s'imposent par les armes. Ils sont craints, mais à leur mort on ne dit que du mal d'eux. La seconde catégorie est constituée de ceux qui ne font ni bien ni mal. A leur disparition la mémoire collective les oublie. La troisième catégorie, à laquelle appartient Soundjata, est celle de ceux qui marient leur puissance à la justice. Ils demeurent à jamais inscrits dans l'histoire.

De la page cent cinquante-deux à la page cent cinquante-quatre, le narrateur termine le récit par une note qui cherche à convaincre son auditoire. Il invite celui-ci à la vérification des lieux historiques évoqués dans le récit de Soundjata. Mais il met en même temps en garde quiconque voudrait percer les secrets cachés :

> « *Mais malheureux, n'essaye point de percer le mystère que le Manding cache ; ne va point*

> *déranger les esprits dans leur repos éternel ; ne va point dans les villes mortes interroger le passé, car les esprits ne pardonnent jamais : ne cherche pas à connaître ce qui n'est point à connaître.* » (p.153.)

La négation totale répétée et introduite par ''ne...point'' et ''ne...jamais'' exprime le caractère absolu de l'interdiction et traduit la réticence des griots à livrer les nombreux secrets qu'ils détiennent. Tant que cet esprit subsistera, nous ne connaîtrons jamais les mystères cachés de l'histoire africaine traditionnelle.

Comme signalé plus haut, à côté du narrateur, les personnages introduisent également, par leur discours, des pauses narratives dans le récit. Un chasseur venu du lointain s'incline pour saluer le roi Maghan :

> « *Je te salue roi du Manding, je vous salue vous tous du Manding ; je suis un chasseur à la poursuite du gibier, je viens de Sangaran...* » (p.19.)

Avant la bataille décisive de Krina, les deux rois sorciers Soumaoro et Soundjata dialoguent mystérieusement à travers les hiboux :

> - « *Arrête, jeune homme. Je suis désormais roi du Manding ; si tu veux la paix, retourne d'où tu viens, dit Soumoro.*
> - « *Je reviens, Soumaoro, pour reprendre mon royaume. Si tu veux la paix tu dédommageras mes alliés et tu retourneras à Sosso, où tu es roi.*
> - « *Je suis roi du Manding par la force des armes ; mes droits ont été établis par la conquête.*

- « *Alors je vais t'enlever le Manding par la force des armes, je vais te chasser de mon royaume.* » … (p.112-113.)

Ce dialogue dans lequel les propos sont reportés au style direct est caractérisé par l'emploi de guillemets et de tirets, l'usage de la première et de la deuxième personne, l'emploi du présent de l'indicatif ainsi que celui de la proposition incise ''dit Soumaoro''. Ce passage constitue, à n'en point douter, un modèle du discours direct.

IV. Hétérogénéité du récit : récit diégétique

Le récit est diégétique parce qu'il relate une action qui se déroule dans le temps. Il est limité par un début et une fin, bornes à l'intérieur desquelles s'élabore une structure plus ou moins complexe.

Ce point traite essentiellement du ''schéma actanciel'' et du jeu sur la temporalité.

4.1. Schéma actanciel

Le ''schéma actanciel'', proposé par Vladimir Propp et par les formalistes russes, ramène l'action à un nombre limité de ''fonctions'' ou ''d'actants''. Ce schéma comprend trois couples, à savoir : sujet/objet, destinateur/destinataire, adjuvant/opposant.

A. Sujet/objet

Le sujet est le héros qui mène l'action, l'objet est sa motivation. En ce qui nous concerne, le héros donne le titre au récit que nous analysons. Il se distingue par la réalisation des actions peu communes et des exploits incommensurables.

L'objet de la quête du héros n'est pas d'ordre matériel. En effet, Soundjata reconquiert le Manding pour libérer son peuple. Il cherche à bâtir un empire puissant épris de paix, de justice et de prospérité.

B. Destinateur/destinataire

Le destinateur est la personne qui donne l'impulsion à l'action ; il apparaît, avec le héros, sous le même jour. De ce point de vue, Soundjata est à la fois sujet et destinateur de son récit.

Le destinataire est la personne pour laquelle l'action s'accomplit. L'action de Soundjata, ses différentes conquêtes, est destinée à libérer son peuple et à rétablir la paix et l'équité dans son empire.

C. Adjuvant/opposant

L'adjuvant aide le héros à accomplir son action. L'opposant est, au contraire, celui qui lui dresse des obstacles sur son chemin.

Les adjuvants de Soundjata sont nombreux :

1. Sogolon Kedjou, la mère du héros : Elle protège ses enfants et organise l'exil pour eux. Sogolon assure l'éducation de Soundjata : c'est grâce aux histoires des bêtes qu'elle raconte à son fils et ses amis que le

héros apprend à faire la distinction entre les animaux. Elle l'initie à certains secrets et lui révèle le nom des plantes médicinales. (p.50.)

2. Nana Triban, la demi-sœur : C'est grâce à elle que Soundjata pénètre le secret de l'invulnérabilité de Soumaoro.
3. Balla Fasséké, le griot : Il joue un rôle déterminant dans la formation politique du héros lorsqu'il lui raconte l'histoire des rois. Il lui raconte aussi l'histoire de Djoulou Kara Naïni qui n'est autre que le roi Alexandre le Grand à qui les traditions du Manding aiment souvent comparer Soundjata. (p.50.) Balla accompagne partout le héros. Sa parole tonifiante réunit tous les alliés autour de Soundjata.
4. Fakourou, maître des forges : C'est lui qui envoie à Soundjata l'énorme barre de fer fabriqué par son père Noun Faïri pour que celui-ci l'utilise dans la marche.
5. Le roi de Tabon : Il offre de l'hospitalité à Sogolon et ses enfants.
6. Fran Kamara, fils du roi de Tabon : Ami d'enfance de Soundjata qui deviendra plus tard roi sous le nom de Tabon Wana (le terrible Tabon) et l'un de principaux alliés de soundjata.
7. Le roi de Wagadou, Soumaba Cissé : il accueille lui aussi Sogolon Kedjou et ses enfants pendant l'exil.
8. Moussa Tounkara, roi de Mema : sogolon est envoyée à Mema pour refaire sa santé. C'est Moussa Tounkara qui a initié Soundjata à l'art militaire. Il le nomme ensuite Vice-roi et lui confie la moitié de son armée au moment de la reconquête du Manding. (p.91.)
9. Fakoli Korona : Neveu et général de Soumaoro. Il s'allie à Soundjata contre son oncle parce que celui-ci lui a arraché sa femme Keleya aux vertus culinaires extraordinaires : « *Elle savait faire la cuisine mieux que les trois cents femmes de Soumaoro réunies* ». (p.81.)
10. Les autres alliés de Soundjata qui viennent l'attendre dans la grande plaine de Sibi sont :

- Siara Kouman konaté, cousin de Soundjata
- Faony Diarra, le roi du pays de Do
- Mansa Traoré
- Kamandjan, roi de Sibi

Parmi les opposants les plus farouches à l'action de Soundjata, nous avons retenu :

1. Sassouma Bérété : Epouse du roi Maghan, père de Soundjata. Elle est très jalouse de Sogolon Kedjou, la mère de Soundjata. A la mort du roi, elle déshérite Djata au profit de son fils Dankaran. Pendant sa régence, elle échafaude des projets macabres pour éliminer physiquement Soundjata. Elle le fait d'abord avec les sorciers les plus redoutables du Manding (p.53.), puis avec le roi Mansa Konkon. (p.62.)
2. Dankaran Touman : Demi-frère à Soundjata qui deviendra roi du Manding à la suite des intrigues de sa mère Sassouma à qui il doit totale obéissance. Il enlève malicieusement à Soundjata son griot Balla Fasséké. (p.57.)
3. Le roi Mansa Konkon : De mèche avec Sassouma qui lui envoie de l'or, il cherche à éliminer Soundjata. (p.62.)
4. Soumaoro Kanté : Roi puissant qui domine tous les royaumes autour de Sosso, sa capitale. Il finit par annexer le Manding et devient ainsi le principal ennemi de Soundjata. Soumaoro représente l'antihéros, car il incarne toutes les valeurs contraires à celles que le héros cherche à promouvoir. Il est, pour ainsi dire, la négation de la liberté, de la paix, de la justice et de la prospérité des peuples. Comme signalé plus haut, Soumaoro est d'une telle déchéance morale qu'il n'hésite même pas à prendre la femme de son neveu Fakoli koroma, devenant ainsi incestueux.
5. Sosso- Balla : Fils de Soumaoro acquis totalement à la cause de son père. Il lutte contre Soundjata et lui barre, sans succès, la route du Manding.

6. Noumounkeba : Chef de tribu qui organise la défense de Sosso après la défaite de Soumaoro et son fils. On le capture vivant.
7. Le roi de Diaghan : Le plus redoutable allié de Soumaoro.
8. Kita Mansa : Roi puissant allié de soumaoro qui est tué par les hommes de Soundjata devant son palais. (p.130.)

4.2. Jeu sur la temporalité

De nombreuses études ont démontré que le temps de l'écriture et celui des événements racontés se superposent rarement. L'élaboration du récit se fait aussi à base du jeu sur la temporalité. Nous nous proposons d'examiner ici le phénomène d'anticipation (également appelé prolepse dans la terminologie de Genette), le phénomène de retour en arrière (dit aussi déchronologie ou, selon la terminologie de Genette, analepse) et celui de l'ellipse temporelle. Comme l'univers dans lequel nous évoluons est typiquement épique, les deux premiers phénomènes seront qualifiés de « procédés oraculaires », pour reprendre l'expression de Gilbert Durand. (DURANG G., 1971, p.47)

En effet, le mot oracle réfère d'abord au monde antique où les dieux prédisaient l'avenir. C'est également cette volonté de Dieu annoncée par les prophètes. Dans le cadre de notre étude, sera appelé « procédé oraculaire » ou considéré comme tel, tout signe ou toute parole qui, avant la mise en branle de l'action épique, esquisse à grands traits la grandeur du héros ou le conduit vers cette grandeur.

Deux procédés oraculaires peuvent être distingués dans l'épopée que nous étudions : la prédiction directe et l'oracle rétrospectif. Ces deux procédés diffèrent en ceci que le premier, braqué sur l'avenir, est essentiellement prospectif tandis que le second se présente comme un signe redondant par rapport au premier.

A. La Prédiction directe.

D'entrée de jeu, l'épopée Mandingue nous met en présence d'un oracle énigmatique. Un devin venu du lointain prédit au roi Maghan la naissance et le destin héroïque de Soundjata :

> « *Le fromager sort d'un grain minuscule, celui qui défie les tempêtes ne pèse dans son germe pas plus qu'un grain de riz ; les royaumes, sont comme les arbres, les uns seront fromagers, les autres resteront nains et le fromager puissant les couvrira de son ombre. O qui peut reconnaître dans un enfant un futur grand roi ; le grand sort du petit, la vérité et le mensonge ont tété à la même mamelle. Rien n'est certain, mais, roi, je vois là-bas venir deux étrangers vers ta ville.* » (p.20.)

Par métaphorisation, ''le fromager'' désigne Soundjata l'étendue et la puissance de son empire. Les arbres nains que ''le fromager puissant, … couvrira de son ombre'' sont tous les royaumes qui seront sous la domination et la protection du héros. Citons en l'occurrence les royaumes de Do, Tabon, Mema, Wagadou, Bobo, Fakoli… Cette protection est exprimée par le syntagme ''couvrira de son ombre'' qui évoque l'image du parapluie. Les deux étrangers dont le sorcier parle ne sont autres que les deux chasseurs Oulamba et oulami qui, après avoir tué le buffle de Do (double de Sogolon), amèneront la mère du héros au roi Maghan. Dès le début de cette assertion se développe un rapport antithétique entre ''qui défie les tempêtes'' et ''ne pèse pas dans son germe pas plus qu'un grain de riz'' qui, en définitive, est la redondance de la séquence phrastique ''le fromager sort d'un grain minuscule''. Cette antithèse mime le contraste entre la fragilité du bébé couché au berceau et la robustesse du même enfant devenu adulte.

Le même devin continue :

> « *Roi du Manding, le destin marche à grands pas, le Manding va sortir de la nuit, Nianiba s'illumine, mais quelle est cette lumière qui vient de l'Est* ? »(p.21.)

La personnification ''le destin marche à grands pas'' nous renseigne sur la naissance prochaine de l'enfant qui « *sera le septième astre, le septième conquérant de la terre* ». (p.20.) Le sémantisme lumineux dans les séquences ''sortir de la nuit'', ''s'illumine'' et ''cette lumière'' traduit l'apogée de Niani qui sera la capitale d'un grand empire sous le règne de Djata.

Après avoir livré au chasseur le secret de sa vulnérabilité, le buffle de Do pose une condition au chasseur :

> - « *Le roi promet la main de la plus belle fille de Do au vainqueur ; quand tout le peuple de Do sera rassemblé et qu'on te dira de choisir celle que tu veux pour femme, tu chercheras dans la foule ; tu trouveras, assise à l'écart sur un mirador, une jeune fille très laide, plus laide que tout ce que tu peux imaginer – c'est elle que tu dois choisir. On*

> *l'appelle Sogolon Kedjou ou Sogolon Kondouto car elle est bossue. Tu la choisiras, c'est elle mon double ; elle sera une femme extraordinaire si tu arrives à la posséder.* » (p.26.)

Le verbe ''devoir'' et l'emploi répété du futur simple à valeur impérative dans ce passage marquent l'insistance du buffle de Do et n'offre au chasseur aucune autre possibilité de choix. Sogolon fut effectivement une femme extraordinaire. Les sorciers ne pouvaient rien contre elle ; elle mit au monde un grand homme, un roi puissant.

Peu avant l'exil, Sogolon dit à son enfant : « *Partons d'ici, tu reviendras plus tard, quand tu seras grand, pour régner, car c'est au Manding que ton destin doit s'accomplir* ». (p.56.) Ce destin est prestigieux, car malgré l'usurpation du pouvoir par Dankaran Touman, c'est finalement à Soundjata, l'héritier légitime, que revient l'honneur d'avoir bâti un grand empire. C'est du reste la même prédiction que le héros prend à son compte lorsqu'il s'adresse sous un ton menaçant à son demi- frère : « *je reviendrai, tu m'entends* ? » (p.58.)

A leur arrivée à Wagadou, Soundja présente tous ses frères au roi Soumaba Cissé. Celui-ci, impressionné, reconnaît au jeune adolescent une qualité royale et prédit, peut-être sans le savoir, l'avenir de l'enfant : « - *En voilà un qui fera un grand roi, il n'oublie personne* », dira-t-il. (p.68.) L'observation du griot sur le fait que Soundjata ne se sent pas gêner des honneurs dont on l'entoure corrobore les paroles du roi. En effet, pour lui, « *la modestie est le partage de l'homme moyen ; les hommes supérieurs ne connaissent pas d'humilité...* » (p.68.)

C'est à Mema, chez Moussa Tounkara, que Djata livre son premier combat. Le roi émerveillé et fasciné par cet adolescent puissant s'adressera à lui en ces termes : « *C'est le destin qui t'envoie à Mema, je ferai de toi un grand guerrier.* » (p.72) Le roi ne sait pas évaluer toute la charge sémique des mots qu'il prononce. Il est évident, prenons à témoins son opposition au départ de Soundjata, qu'il pense former un grand guerrier pour assurer la défense de son royaume. Cependant, les choses tournent autrement car, malgré lui, Moussa finira par laisser partir Djata et il lui confiera une partie de son armée pour la reconquête du Manding.

Juste avant la bataille décisive contre Soumaoro à Krina, Balla Fasséké confie à Soundjata « *que le devin avait vu en songe la fin de Soumaoro* ». (p.118.) Cette prédiction se vérifie car Soumaoro prend la fuite et sa capitale Sosso est complètement détruite.

Toutes les prédictions directes que nous venons d'analyser dans l'épopée Soundjata contribuent largement à éclairer le destin prodigieux du héros et font de lui un dieu ou mieux un demi-dieu. Elles aident l'auditeur (ou le lecteur) à s'imaginer le devenir du personnage principal et attise ainsi son attention. L'épopée étant par définition un genre complexe - par son utilisation de plusieurs genres littéraires – le griot trouve utile de répéter certaines structures, telles que les prédictions, et accroît, en le faisant, l'attention de l'auditeur et le mystère divin autour du héros.

B. L'Oracle rétrospectif.

L'oracle rétrospectif se révèle être la redondance de la prédiction directe. Ce procédé est attesté dans l'épopée que nous analysons.

Dans le récit de Soundjata, le chasseur ayant tué le buffle ne réussit cependant pas à posséder Sogolon, le double de l'animal. Le griot en profite pour rappeler ces paroles de la vieille femme de Do : « *Elle sera une femme extraordinaire si tu arrives à la posséder* ». (p.30.) Ce rappel vient souligner le doute et la peur du chasseur. Oulami et Oulamba ont, en effet, décidé d'amener cette femme au roi Maghan.

Le roi Maghan lui-même ne comprend pas pourquoi celui que l'on disait son prestigieux successeur reste perclus jusqu'à l'âge de sept ans. Il va consulter le forgeron-aveugle Noun Faïri qui lui répond :

> « - *Quand le grain germe, la croissance n'est pas toujours facile ; les grands arbres poussent lentement ; mais ils enfoncent profondément leurs racines dans le sol.* » (p.40.)

Cette métaphorisation évoque visiblement la prédiction du chasseur étranger qui comparait Soundjata au puissant fromager. La croissance lente de la plante fait allusion au retard connu par le héros dans l'acquisition de la marche.

D'autre part, le griot observe : « *Comme les hommes ont la mémoire courte, du fils de Sogolon on ne parlait qu'avec ironie et mépris…* » (p.141.) Ces paroles soulignent l'oubli des hommes et renvoient au premier oracle. En principe, les hommes ne devaient pas prononcer des méchancetés à l'égard de Soundjata s'ils se rappelaient son destin prestigieux annoncé par le divin inconnu.

Avant de quitter Tabon, Soudjata s'adresse à Fran Kamara, son ami, en ces termes : « *Quand je reviendrai au Manding… je passerai te prendre à Tabon, nous irons ensemble à Niani.* » (p. 64.) C'est pour la troisième fois que la séquence ''je reviendrai'' est reprise dans le récit. Pour la première et la seconde fois, prononcée d'un ton catégorique devant son demi-frère Dankaran Touman et le roi Mansa Konkon, personnages opposants à l'action du héros, ces paroles revêtent un caractère menaçant. Ici par contre, la même expression traduit les relations amicales entre Soundjata et Fran Kamara. C'est, du reste, au même Fran Kamara que sera adressé ce discours à la fois prémonitoire et rétrospectif :

> « - *Je te ferai général, nous parcourrons beaucoup de pays, nous serons les plus forts. Les rois trembleront devant nous comme la femme tremble devant l'homme.* » (p.64.)

Il y a ici évocation de l'image du guerrier, du grand roi déjà annoncé par le premier oracle.

En tant que mère, Sogolon a le devoir de rappeler à son fils ce qui l'attend :

> « - *Ne te fais pas d'illusions, ton destin n'est pas ici, ton destin est au Manding ; le moment est arrivé ; moi j'ai fini ma tâche, c'est la tienne qui va commencer, mon fils, mais il faut savoir attendre, chaque chose en son temps.* » (p.73.)

Dans ce passage Sogolon demande à son fils de ne pas être détourné de son objectif de régner au Manding en raison des honneurs qu'il reçoit à Mema en sa qualité de Vice-roi. En même temps qu'elle lui annonce sa fin, elle l'exhorte à la patience, car dans la vie, il faut savoir laisser du temps au temps si l'on veut réussir. Tout ce qui se fait en dehors du temps est souvent voué à l'échec.

Par ailleurs, lorsqu'on le nomma Vice-roi à Mema, « *les devins ... révélèrent la destinée extraordinaire de Djata. On dit qu'il était successeur de Djoulou Kara NAïni et qu'il serait encore plus grand ; déjà les soldats faisaient mille rêves de conquêtes* ». (p.73.) Rappelons que Djoulou Kara Naïni est l'appellation que l'Islam réserve à Alexandre le Grand.

Au moment où le Manding fut sous la domination de Soumaoro pendant l'exil, « *on consulta les devins sur le sort du pays ; les devins furent unanimes pour dire que c'était l'héritier légitime du trône qui sauverait le Manding* ». (p.82.) Cette idée rejoint celle du « *Manding immortel à jamais* » déjà émise à la page vingt-et-un.

Pour remonter le moral de Djata à la veille de la bataille décisive de Krina, Balla Fasséké lui dit : « *Voici venir les temps que les génies t'ont prédits.* » (p.115.) Et il continue :

> « *Pour affronter la tempête il faut à l'arbre des racines longues, des tranches noueuses, Maghan-Soundjata, l'arbre n'a-t-il pas grandi* ? » (p.116.)

Ce passage rappelle le discours du premier devin qui parle du fromager défiant la tempête et sorti d'un grain minuscule.

Les procédés oraculaires qui foisonnent dans l'épopée Soundjata participent à la divinisation du héros et focalisent toute l'attention sur celui-ci.

Le lecteur aura remarqué qu'il est parfois difficile d'établir une cloison étanche entre la prédiction directe et l'oracle rétrospectif. En effet, certains oracles sont à la fois prospectifs et rétrospectifs.

C. L'ellipse temporelle

L'ellipse temporelle est le procédé par lequel le narrateur opère une sélection des faits dans le récit ; il ne relate pas tous les faits secondaires qui vont d'un événement clé à un autre. Ainsi, plusieurs années peuvent être racontées en quelques phrases – ou bien totalement éludées – tandis que certaines séquences sont longuement détaillées. (Encyclopédie Encarta 2009)

L'épopée mandingue est riche en ellipses temporelles. En effet, le buffle de Do transformé en vieille femme se présente aux deux chasseurs en ces termes :

> « *Je sais, dit-elle, que vous allez tenter votre chance contre le buffle de Do, mais sachez que bien d'autres avant vous ont trouvé la mort dans leur témérité, car les flèches sont impuissantes contre le buffle… Je suis le buffle qui désole Do, j'ai tué 107 chasseurs, j'en ai blessé 77, chaque jour je tue un habitant de Do…* » (p.25.)

D'un bout à l'autre du récit, le narrateur ne décrit nulle part les scènes de combat entre les chasseurs et le buffle. Il ne montre pas non plus comment le buffle a réussi à tuer et blesser un nombre si élevé de chasseurs ni comment il tue chaque jour un habitant de Do. Le même buffle justifie son comportement en déclarant que c'est pour lui une façon de punir son frère le roi de Do qui lui avait privé de sa part d'héritage. Nous ne savons cependant ni la valeur de cet héritage ni encore moins les circonstances dans lesquelles la sœur du roi en a été privé.

Pendant l'exil, le roi Mansa Kokon impose à Djata de jouer au ''wori'', sans doute pour l'éprouver et trouver ainsi un prétexte pour le supprimer. Nous apprenons que c'est Sassouma Bérété, la reine mère de Niani, qui avait envoyé de l'or au roi de Djeba afin que celui-ci élimine Soundjata. (p.62.) Mais quand, comment et en quelle quantité cet or a-t-il été envoyé ? Le récit reste muet à ce sujet.

D'autre part, Soumaoro nous est présenté comme un roi puissant qui étend sa domination sur tous les royaumes environnants. Entre autres décors macabres, sa chambre secrète contenait neuf têtes des souverains capturés et tués dans différentes batailles. (p.75.) Cependant, aucune scène de ces batailles n'est reprise dans l'épopée. De même, nous apprenons qu'en l'absence de Djata le Manding est tombé sous la domination de Soumaoro (p.74.), sans pour autant savoir comment cela s'est passé.

Par ailleurs, entre l'arrivée du griot Balla Fasséké à la cour de Soumaoro (p.57.) et sa fuite avec Nana Triban pour rejoindre Soundjata (p.106.), le narrateur ne donne du séjour du griot que les détails concernant la pénétration de celui-ci dans la chambre secrète où Soumaoro abritait ses fétiches. Cet élément aurait été volontairement sélectionné pour permettre à Soundjata d'accéder aux secrets de son ennemi.

Au moment où le Manding est sous la domination de Soumaoro, le roi règnant Dakaran Touman prend la fuite. Le griot ne donne aucun détail sur cette fuite. Il nous apprend simplement qu' « *après la fuite de Dakaran Touman,*

Soumaoro, par droit de conquête, se proclama roi du Manding… » (p.82.) De plus, nous ne sommes pas renseignés sur le sort de Sassouma Bérété, la mère de Dakaran, pendant l'asservissement du Manding. Le nom de la reine-mère disparaît à la fin de la régence dont, d'ailleurs, aucun détail ne nous est fourni.

Fran Kamara était un des compagnons que Soundjata avait connu dans la cour de son père, le roi Maghan. Les deux amis se retrouveront à Tabon, pendant l'exil de Soundjata. A la reconquête du Manding, Fran Kamara devenu Tabon Wana (le terrible Tabon) fit l'un des alliés inconditionnels de Djata. Signalons cependant que les faits ayant présidé à son investiture sont escamotés dans le récit.

A la fin de l'épopée, le griot évoque la mort du héros par cette expression laconique : « *Maghan Soundjata, dernier conquérant de la terre, repose non loin de Niani-Niani à Balandougou, la cité du barrage* ». (p.151.) Il ne va pas plus loin pour nous informer sur les circonstances de sa mort et les différentes cérémonies commémoratives à cette mort.

CONCLUSION

En dernière analyse, cette étude a montré que l'épopée Soundjata établit une nette distinction entre l'auteur et le narrateur qui constituent deux personnes différentes possédant chacune un nom, un corps, une biographie et même une subjectivité propres. Il convient de souligner que dans ce récit épique, le narrateur n'est pas, comme dans le roman, un personnage de fiction dont la fonction se limite à raconter l'histoire. Il possède, comme nous venons de le voir, une existence réelle.

Dans l'épopée Soundjata, le rôle de personnage est joué par les êtres humains et les oiseaux.

Afin de mieux ressortir la structuration du récit, nous avons étudié la technique de point de vue, les pauses narratives, le schéma actanciel et le jeu sur la temporalité.

En effet, dans l'épopée Soundjata, le narrateur est de type omniscient dans la mesure où il possède une connaissance totale et approfondie des faits qu'il expose et de l'âme de tous les personnages.

En ce qui concerne les pauses narratives, elles sont marquées, dans le récit, par la description des paysages ou objets inanimés, le portrait et le discours. Il a été constaté que la description des paysages est à peine perceptible dans l'épopée Soundjata. Quant à la description d'objets inanimés, elle est plutôt sobre. Signalons aussi qu'aucune description ne relève de l'évocation poétique, car l'on n'y rencontre nulle part la superposition d'un paysage et de l'état d'âme d'un personnage.

De plus, le portrait privilégie les traits moraux, sociaux et psychologiques, exception faite de quelques personnages qui ajoutent à ceux-ci les traits physiques peints sommairement.

Le discours comme pause narrative est introduit soit par un personnage soit par le narrateur. La chanson est reportée au discours direct. L'épopée Soundjata connait également le discours indirect. Celui-ci est tantôt prononcé par le narrateur tantôt par les personnages du récit. Concernant le premier cas, le narrateur exprime ses opinions en affichant sa subjectivité (à la première personne du singulier) ou en restant neutre. Sa pensée est ainsi exprimée au style direct sans guillemets. Dans le second cas, le discours est inséré dans la narration au style direct ou indirect.

Concernant le schéma actanciel, son application à l'épopée Soundjata a permis d'en dégager une image claire. En effet, la détermination et l'analyse des couples sujet/objet, destinateur/destinataire, adjuvant/opposant ont amené à la reconnaissance des forces agissantes dans le récit. Signalons toute fois que l'objet de la quête n'est pas d'ordre matériel ; il représente plutôt une idée (idéal d'honneur, de paix, de liberté et de justice).

Enfin, l'analyse de la temporalité a révélé que le récit de Soundjata fait usage des prolepses (anticipations), analepses (retours en arrière) et de l'ellipse temporelle. Evoluant dans un univers typiquement épique, nous avons préféré qualifier les deux premiers phénomènes de ''procédés oraculaires'', respectivement la prédiction directe et l'oracle rétrospectif.

BIBLIOGRAPHIE

I. Ouvrage de base.

1. NIANE D.T. (1960), Soundjata ou l'épopée mandingue, 3ème éd., Présence Africaine, Paris, 155P.

II. Autres ouvrages.

1. DURANG G. (1971), le Décor mythique de la Chartreuse de Parme. Les structures figuratives du roman stendhalien, José Corti, Paris, 251 p.
2. MARTINET A. (1980), Eléments de Linguistique générale, Armand Colin, Paris, 222 p.

3. LEVI-STRAUSS C. (1974), Anthropologie structurale, Librairie Plon, Paris, 452 p.
4. RICALENS-POURCHOT N. (2008), Dictionnaire des figures de style, Armand Colin, Paris, 217p.
5. SIMONIS Y. (1968), Claude Lévi – Strauss ou la « passion de l'inceste ». Introduction au structuralisme, Aubier Montaigne, Paris, 380 p.
6. SUBERVILLE J. (1964), Théorie de l'art et des genres littéraires, Editions de l'école, Paris, 486 p.

III. **Documents en ligne ou sur Cédérom**.

1. Le Petit Robert. Dictionnaire alphabétique et analogique de la langue française [CD-ROM] (2001) Nouvelle édition, version 2.
2. Encyclopédie Microsoft Encarta 2009

Résumé de Soundjata ou l'épopée mandingue

L'épopée mandingue comprend dix-sept parties, à savoir :

1. Les premiers rois du Manding
2. La femme-buffle
3. L'enfant-lion
4. L'enfance
5. Le réveil du lion
6. L'exil
7. Soumaoro Kanté, le roi sorcier
8. Histoire
9. Les feuilles de baobab
10. Le retour
11. Le nom des héros

12. Nana Triban et Balla Fasséké
13. Krina
14. L'empire
15. Kouroukan-Fougan ou le partage du monde
16. Niani
17. Le Manding éternel

L'épopée Soundjata, telle que transcrite par Djibril Tamsir Niane, a été racontée par le griot Mamadou Kouyaté qui a lui-même acquis sa science de son père Djeli Kedian Kouyaté, maître dans l'art de parler.

De prime abord, le griot nous retrace la généalogie des rois qui se sont succédés au Manding et présente brièvement, pour certains, les principales réalisations. Il s'agit, suivant l'ordre chronologique, des rois Bilali Bounama, Lawalo, Latal Kalabi, Damal Kalabi, Lahilatoul Kalabi, Kalabi Bomba, Mamadi Kani, Bamari Tagnogo Kélin, M'bali Nènè, Bello, Bello Bakön, Maghan Kon Fatta et Dankaran Touman, le demi-frère de Soundjata.

Alors que le roi Maghan Kon Fatta et ses courtisans sont assis, comme d'habitude, au pied du grand fromager qui domine le palais royal, ils voient venir vers eux un homme habillé en chasseur qui reconnaît le roi et lui présente ses civilités. Il sort ensuite de sa gibecière un gigot de biche tué dans le territoire du roi Maghan et le lui offre. Cet étranger respectueux de la coutume est bien accueilli à la cours royale.

Dans la conversation avec l'hôte venu du lointain, le roi et sa suite découvrent qu'il est en même temps devin. C'est ainsi qu'ils le consultent pour connaître l'avenir du royaume. L'art divinatoire du chasseur-devin consiste à jeter douze cauris sur la natte et à les manipuler en prononçant des paroles mystérieuses. Il révèle au roi que son prestigieux successeur, qui immortalisera le Manding, n'est pas encore né et qu'il voit venir vers la ville deux chasseurs accompagnés d'une femme. Cette dernière est laide, affreuse et porte sur son dos une bosse qui la déforme. Le roi Maghan devra, malgré tout, épouser cette femme, car c'est elle qui mettra au monde son puissant successeur. Pour que le destin s'accomplisse, le souverain doit immoler un taureau rouge en raison de la puissance de cet animal.

Plusieurs jours après cette prédiction, le roi et sa suite étaient encore assis sous le grand fromager de Nianiba quand soudain deux jeunes chasseurs, précédés d'une jeune fille, entrèrent dans la ville. A quelques pas du souverain, les étrangers s'inclinèrent pour le saluer. Ils se présentèrent en disant qu'ils étaient ses sujets du Manding conduits par la chasse à l'aventure jusqu'au lointain pays de Do et qu'ils étaient deux frères nommés Oulamba et Oulami. La jeune fille était de Do. Ils l'apportaient en présent au roi, car les deux frères l'avaient jugée digne d'être la femme du roi.

Les circonstances dans lesquelles l'un des chasseurs avait obtenu la fille étaient particulières. Ceux-ci apprirent d'abord qu'un buffle extraordinaire désolait les campagnes de Do, faisant chaque jour des victimes, et que le roi de Do avait promis les plus belles récompenses au chasseur qui tuerait ce buffle. Cet animal avait réussi à tuer à lui seul cent et sept chasseurs et à en blesser soixante-dix-sept. Bien plus, il tuait chaque jour un habitant, de telle sorte que le roi ne savait plus à quel génie se vouer. Les deux chasseurs décidèrent alors d'aller tenter leur chance contre le buffle de Do. Sur leur route, ils rencontrèrent au bord d'une rivière une vieille femme affamée dont aucun passant, jusque-là, ne voulait s'occuper. Elle leur demanda à manger. L'un des chasseurs, touché par les pleurs de la malheureuse, lui offrit quelques morceaux de viande séchée.

Après avoir bien mangé, elle prononça des paroles bienveillantes à l'égard du chasseur au cœur généreux et lui révéla que c'est lui qui serait vainqueur du buffle. Ensuite, elle se dévoila comme étant elle-même le buffle de Do que l'on cherchait à tuer ; elle déclara aussi que par sa cruauté, elle cherchait à punir son frère, le roi de Do, qui l'avait privée de sa part d'héritage. Pour récompenser le jeune chasseur, la vieille femme lui offrit un œuf dont il se servirait pour neutraliser l'animal et le rendre ainsi vulnérable. Comme preuve de sa victoire, le chasseur devra couper la queue du buffle qui est d'or ; celle-ci serait portée au roi afin de lui exiger la récompense promise.

La vieille femme donna au chasseur la condition de ne choisir parmi toutes les filles qui lui seraient présentées que la fille très laide nommée Sogolon Kedjou ou Sogolon Kondouto, la bossue. C'est elle le double du buffle. Cette femme serait une femme extraordinaire à celui qui arriverait à la posséder.

Les deux chasseurs présentèrent au roi Maghan la jeune femme et furent désormais considérés comme parents de la fille. Afin de préserver les droits du fils à naître, le roi Maghan remplit toutes les formalités coutumières pour célébrer pompeusement le mariage. Il invita les douze villages du vieux Manding et tous les peuples alliés. Le jour du mariage, les tambours royaux retentirent, plusieurs bœufs furent sacrifiés. On chantait et l'on dansait partout. Les membres de la famille royale rivalisaient de prodigalité ; ils distribuaient des présents au peuple pour manifester leur joie. Pendant six jours, lorsque Nare Maghan voulut accomplir son devoir d'époux, il fut repoussé par Sogolon. C'est au septième jour qu'il réussit à posséder la femme qui conçut immédiatement.

Toutes les faveurs du roi étaient désormais pour la femme enceinte. Bientôt la jalousie de Sassouma Bérété monta des projets obscures pour assassiner sa coépouse, mais en vain. Lorsque Sogolon fut à terme, elle mit au monde un enfant dans des circonstances extraordinaires. En effet, à sa naissance, le ciel fut couvert de gros nuages, le tonnerre se mit à gronder et des éclairs déchirèrent les nues ; une terrible tornade s'abattit sur la ville de Niani. Le huitième jour, on donna au nouveau-né le nom de Maghan Mari Djata, Maghan étant le nom de son père et Mari Djata, nom qu'aucun prince du Manding n'avait jamais porté.

La croissance de l'enfant fut très lente et difficile. A trois ans il n'avait acquis ni la marche ni le langage. Il restait toujours assis au milieu de la case en l'absence de sa mère. Il se trainait à la manière d'une éclopée pour chercher la nourriture dans les calebasses de sa mère, car il était très gourmand. Les critiques les plus méchantes étaient adressées à la maman dont l'enfant restait perclus à l'âge de trois ans. La première femme du roi, Sassouma Bérété, se réjouissait de cette infirmité qui disqualifiait d'office Soundjata du trône en faveur de son enfant Dankaran Touman âgé de onze ans.

Sogolon Kedjou, accablée par l'état de son fils, fit usage de tout son talent de sorcière pour fortifier les jambes de son fils, mais elle n'y put rien. Elle devint encore enceinte et mis au monde, contre toute attente du mari, une fille aussi laide que sa mère. On donna le nom de Kolokan à l'enfant. C'est alors que, découragé, le roi retira toutes ses faveurs à sa seconde femme Sogolon. Il épousa Namandjé, la fille d'un de ses alliés, qui lui donna un garçon. Le roi appela le nouveau-né Boukari devenu plus tard Manding Boukary ou Manding Bory. Les prédictions des devins révélèrent que cet enfant deviendrait le bras droit d'un roi puissant.

Mais comme les devins donnaient toujours de l'assurance concernant le destin prestigieux de Maghan Mari Djata, le roi revint à la raison et remit Sogolon dans ses faveurs. C'est en ce moment qu'une seconde fille naquît, du nom de Djamarou. Avant de mourir, Maghan légua à son fils, encore perclus à sept ans, le griot Balla Fasséké et lui laissa son royaume.

A la mort du roi, le testament n'est pas respecté. Par ses intrigues, Sassouma Bérété influence le conseil des anciens pour que celui-ci accorde le trône à son fils Dankaran Touman. En attendant la majorité de ce dernier, un conseil de régence est formé où la reine-mère est toute puissante. Désormais, on ne parle du fils de Sogolon qu'avec ironie et mépris. Sassouma devenue reine-mère n'a aucune considération envers sogolon et ses enfants. Elle les persécute et répand, par sa méchante langue, les propos les plus diffamatoires sur une mère dont l'enfant reste perclus jusqu'à sept ans.

Un jour, au milieu des lamentations de sa mère tournée au ridicule pour une histoire de feuilles de baobab, Djata décida enfin de marcher. Il fit chercher auprès du forgeron Nounfaïri la lourde canne qui ne pouvait être transportée que par six personnes. Il la souleva sans beaucoup d'efforts et s'appuya sur elle. Dégoulinant de sueur, il se détendit et, dans un grand effort, fut d'un coup sur ses deux jambes. La grande barre de fer était tordue et avait pris la forme d'un arc. Ce fut une joie immense pour sa maman et un grand étonnement pour l'entourage. Avec des pas de géant, Djata se dirige vers un jeune baobab derrière Niani. D'un tour de bras, il arrache l'arbre, le met sur ses épaules et vient le déposer avec fracas devant la case de sa mère. C'est à cet endroit que toutes les femmes de Niani doivent désormais venir s'approvisionner en feuilles de baobab.

En raison de ses exploits peu communs, la popularité de Djata s'accroît de jour en jour, ce qui ébranle considérablement la quiétude de Sassouma Bérété et de son fils Touman. Déjà à cet âge de sept ans, Soundjata était entouré des princes de son âge : Fran Kamara, le fils du roi de Tabon, Kamandjan fils du roi de Sibi et d'autres princes encore. Balla Fasséké, le griot hérité de son père, donnait à l'enfant l'éducation et l'instruction selon les principes du Manding.

Pour mettre fin à cette popularité toujours grandissante, la reine-mère reçut une nuit les neuf grandes sorcières du Manding afin d'attenter à la vie de Soundjata. Elle leur donna sans atermoiement la mission de supprimer Soundjata dont le destin s'opposait à celui de son fils ; elle promit, en cas de réussite, de grandes récompenses. Ce projet macabre échoua et l'extrême bonté de Soundjata amena les femmes à dévoiler le secret. En face du danger de plus en plus croissant, la prudente Sogolon décida un soir de s'exiler avec ses enfants.

Avant même d'aller en exil, le roi Dankaran Touman réunit un conseil auquel il soumit son intention d'envoyer une ambassade au puissant roi de Sosso, Soumaoro Kanté. Il confia à Balla Fasséké, le griot de Djata, cette délicate mission. La décision du roi déplut grandement à Djata, provoqua sa colère et précipita sa décision de s'éloigner du Manding.

Sogolon et ses enfants furent d'abord reçus à Djedeba, chez le roi Mansa Konkon, le grand sorcier. Cependant, l'hospitalité du souverain est teintée de méfiance. D'intelligence avec Sassouma, il tente d'éliminer Soundjata en l'invitant à jouer au wori, sorte de jeu de dames où les pions sont de petits cailloux disposés dans des trous creusés dans un tronc d'arbre. La condition peu commune que le roi pose habituellement lorsqu'il joue avec ses hôtes est de les tuer en cas d'échec de ceux-ci et, signalons-le, le roi gagne toujours… Dans leur pari, Djata demande le sabre mystérieux du roi au cas où il gagnerait. Soundjata est triomphateur et dans un langage proverbial, il fait savoir au roi que la réaction de celui-ci est dictée par la reine-mère de Niani qui a envoyé de l'or à Mansa Konkon pour qu'il supprime le jeune prince. Confus, le roi ne respecte pas le pari et décide de chasser ses hôtes.

Sogolon et ses enfants prirent à nouveau la route de l'exil. Ils furent accueillis par le roi de Tabon, Soumamba Cissé, père de Fran Kamara. Comme ce dernier était déjà vieux et qu'il ne voulait pas se brouiller avec le roi de Niani, il leur proposa d'aller dans la cour de Wagadou dont il connaissait le roi. Là ils furent bien accueillis et on les traita royalement. Losque Sogolon tomba malade, le roi Soumaba Cissé décida de l'envoyer avec les siens à Mema à la cour de son cousin Moussa Tounkara où ils furent reçus pompeusement. L'air du fleuve à Mema améliorera sensiblement la santé de Sogolon. C'est, du reste, dans ce royaume, où le roi n'avait pas d'enfant, que le héros se spécialise dans l'art militaire. Moussa Tounkara, grand guerrier de son état, emmena régulièrement en campagne Soundjata qui avait en ce moment l'âge de quinze ans. Le prince du Manding étonna toute l'armée par sa force et sa fougue à la charge. Au bout de trois ans, le roi nomma Soundjata Vice-roi à cause de sa bravoure. C'est lui qui, avec grande autorité, commandait désormais l'armée en l'absence du roi. N'ayant pas eu d'enfants, Moussa Tounkara pensait que c'est Djata qui serait son héritier.

Pendant l'exil de Soundjata, Soumaoro kanté le roi de Sosso avait étendu son pouvoir jusqu'au Manding. Quand l'ambassade envoyée par Dankaran touman arriva à Sosso, Soumaoro exigea la soumission du Manding. De cette ambassade, il n'avait retenu que Balla Fasséké, le griot. Effrayé, le roi du Manding fit aussitôt sa soumission et donna même en mariage sa propre sœur, Nana Triban afin d'obtenir les faveurs du roi puissant. Ce geste ne tempéra pourtant pas les ambitions belliqueuses de Soumaoro. Il annexa le Manding et Dankaran Touman prit la fuite.

Un jour en l'absence du roi, Balla Fasséké s'introduisit dans la chambre secrète du palais royal de Soumaoro où il fit une découverte macabre. C'est dans cette chambre que le roi gardait tous ses fétiches. Ses murs étaient tapissés de peau humaine ; autour d'une jarre, neuf têtes de morts, ayant appartenues aux rois vaincus et décapités, formaient un cercle ; un serpent monstrueux restait dans cette jarre contenant de l'eau. Le griot découvrit également au-dessus du lit, sur un perchoir, trois hiboux ; au mur du fond étaient accrochés des sabres recourbés et des couteaux à triple tranchant, à droite de la porte reposait un grand balafon. Lorsque Balla Fasséké se mit à jouer à l'instrument, les notes harmonieuses qu'il émettait donnèrent vie à tous les habitants de la chambre...

Fakoli Korona, le neveu de Soumaoro, devint l'ennemi juré de son oncle qui lui avait ravi sa femme Keleya. Dankaran Touman se joignit à Fakoli pour lutter contre Soumaoro. Il fut défait et prit la fuite vers des régions forestières. La soumission ne fut cependant pas obtenue partout au Manding. Un noyau de résistance s'organisa dans la brousse. Mais s'étant aperçu de l'inefficacité d'une action sans leader et stimulée par les conseils de plusieurs devins, une délégation secrète fut envoyée à la recherche de Soundjata, l'homme appelé à laver l'humiliation de son peuple. Cette délégation était composée de Kountoun Manian, un vieux griot de la cour de Nare Maghan ; Madjan Bérété, un frère de Sassouma Bérété ; Singbin Mara Cissé, un marabout de la cour ; Siriman Touré, autre marabout et enfin une femme, Magnouma.

A l'aide des feuilles de baobab, assaisonnement d'usage courant au Manding et inconnu à Mema, la délégation découvrit Sogolon et ses enfants. S'adressant à Soudjata, le chef de la délégation le salua comme s'il s'adressait au roi du Manding et lui dit que le trône de ses pères l'attendait. Il lui demanda de quitter tous les honneurs liés au titre de Vice-roi lui accordé par le roi Moussa Tounkara pour la délivrance de sa patrie et la restauration de l'autorité légale au Manding où il était attendu par toute la population.

Soundjata n'hésite pas un seul instant à répondre positivement à la proposition qu'on lui présente. Sogolon, vieilie et affaiblie par la maladie, meurt peu après l'entretien avec cette délégation venue du Manding, conformément à la prière de son fils qui a demandé à Dieu de permettre que sa mère soit enterrée dans la paix, avant la reconquête du Manding.

Soundjata rencontra le roi qui lui présenta ses condoléances. Il s'adressa à ce dernier pour lui remercier de toute l'hospitalité, de la formation militaire reçue et de tant de bonté. Il remit ensuite son pouvoir au roi avant de retourner au Manding et demanda à celui-ci la permission d'enterrer dignement sa mère à Mema.

Cette initiative déplaît au roi qui interprète ce geste comme un signe d'ingratitude de la part de celui qu'il a longtemps cru être son héritier. Fâché, le roi demande à Djata d'emporter les restes de sa mère ou, dans le cas contraire, de payer le prix de la terre où elle reposera. Grâce à ses conseillers, le roi comprend et permet l'enterrement de Sogolon avec tous les honneurs dus à la famille royale.

Le jour du départ, le roi Moussa Tounkara donne à Soundjata la moitié de son armée. Comme ces troupes ne pouvaient directement affronter Soumaoro, le roi de Mema lui conseille d'aller à Wagadou prendre la moitié des hommes du roi Soumaba Cissé. Lorsque Soumaoro Kanté, qui est un grand sorcier, s'aperçoit que le fils de Sogolon s'est mis en marche et qu'il vient réclamer le Manding, il envoie un détachement dirigé par son fils Sosso Balla pour lui barrer la route de Tabon. La guerre se déclenche. Quand Soundjata, après avoir lancé les ordres à ses guerriers, tourne à droite, les forgerons de Soumaoro tombent par dizaines, quand il se tourne à gauche, son sabre fait tomber les têtes comme lorsqu'on secoue un arbre aux fruits mûrs. Les longues lances des cavaliers de

Mema pénètrent dans les chairs comme un couteau qu'on enfonce dans une papaye. Le carnage est affreux. Les Sossos lâchent pied au moment où leur chef Sosso Balla prend la fuite. L'ennemi est en débandade ; il subit de lourdes pertes.

Cette première victoire militaire sur l'armée du roi des Sossos connaît un retentissement psychologique important. La nouvelle de la bataille de Tabon se répand partout comme une traînée de poudre qui prend feu. Elle fait renaître l'espoir chez les peuples asservis du Manding. Soundjata bénéficie désormais du service de plusieurs alliés. Il dispose maintenant de cinq corps d'armée : la cavalerie et les fantassins de Mema, ceux de Wagadou et les trois tribus de l'armée de Tabon Wana- Fran Kamara.

Soumaoro lance une autre offensive contre Soundjata à Nagueboria. Il cherche à attirer son ennemi dans la plaine, mais celui-ci ne lui en laisse pas le loisir. Obligé de livrer bataille immédiatement, le roi des Sossos dispose ses hommes en travers la vallée exiguë de Nagueboria, les ailes de son armée occupant les pentes. Soundjata, quant à lui, adopte une position très originale qui consiste à former un carré très serré avec, en première ligne, toute la cavalerie. Par cette tactique, le fils de Sogolon exerce une pression écrasante sur les forgerons de Soumaoro. A l'arrière de Djata, les archers lancent au ciel des flèches qui tombent drues sur les rangs de Soumaoro. Sosso Balla prend la fuite. Son père vient le couvrir. Soundjata lui jette sa lance, mais l'arme rebondit sur la poitrine de Soumaoro et tombe. Il tend son arc, mais d'un geste Soumaoro attrape la flèche au vol et la montre à Soundjata pour prouver son invulnérabilité.

Lorsque Soundjata fonce sur son ennemi, lève le bras pour le frapper mortellement, il s'aperçoit que celui-ci a disparu. Même si le soir Djata devient maître de Nagueboria, il n'arrête pas de se poser plusieurs questions. Comment, en effet, vaincre un homme capable de disparaître et de réapparaître où et quand il veut ? Comment toucher un homme invulnérable au fer ? Les réponses à ces questions restent un mystère pour le fils de Sogolon. Pour fêter cette victoire, les filles de Nagueboria apportèrent d'énormes calebasses de riz aux soldats. Tout le monde dansait au tam-tam et ce fut une grande réjouissance.

Après une longue marche, Djata campa le soir avec toute son armée près du village de Kankigné. Les hommes dressèrent le camp au milieu de la plaine tandis que des gardes étaient placés sur les hauteurs. La tente de Soundjata était dressée au milieu du camp. Tout d'un coup, ils furent encerclés par des ennemis qui surgissaient des ténèbres. Les archers se ressaisirent et lancèrent au ciel des torches et des flèches enflammées qui retombaient parmi les ennemis. La panique secoua les sofas de Soumaoro qui commencèrent une retraite précipitée. Accablés, ils s'enfuirent, laissant derrière-eux beaucoup de captifs aux mains des hommes de Soundjata. Cette attaque nocturne fut encore une fois un échec de Soumaoro et une victoire de Djata. On retrouva à terre, après la bataille, plusieurs crânes fendues des Sossos. Toute l'arrière-garde sosso fut décimée tandis que partout les villages accueillaient triomphalement Soundjata.

Tous les rois révoltés s'étaient groupés à Sibi sous les ordres de Kamadjan, l'ami d'enfance de Soundjata devenu lui aussi roi de Sibi. Ces rois sont :

- Siara Kouman Konaté, cousin de Soundjata ;
- Faony Kondé, roi du pays de Do ;
- Mansa Traoré, roi à la double vue en ce sens qu'il voit ce qui se passe derrière, comme les autres hommes voient devant eux.

Ces rois et tous les fils du Manding accueillirent soundjata par des trompettes, des tambours, des tam-tams auxquels se mêlèrent les voix des griots. S'adressant à tous, Soundjata leur dit qu'il était rentré pour venger l'affront que le Manding avait subi. Il leur déclara que jamais le Manding ne serait tombé en esclavage tant qu'il serait en vie. Tout le monde fut réconforté par ce discours hautement patriotique.

Bien que la route du Manding ait été ouverte, Soumaoro ne s'avouait pas vaincu. Il rassembla ses contingents dans tous les pays qu'il contrôlait pour s'attaquer à nouveau à Soundjata. De son côté, ce dernier possédait désormais suffisamment de forces pour affronter Soumaoro. Comme pour vaincre son ennemi il s'agissait d'abord de pénétrer les secrets de sa puissance magique, Soundjata consulta à Sibi les plus célèbres devins du Manding. Sur leur conseil, Djata immola cent taureaux blancs, cent béliers blancs et cent coqs blancs. C'est en ce moment qu'on vint lui annoncer que sa sœur Nana Triban et son griot Balla Fasséké, ayant pu échapper de Sosso, étaient arrivés.

Nana Triban raconta à son frère l'aventure de son mariage forcé avec Soumaoro. En effet, quand Djata quitta le Manding, son frère Dankaran Touman, le roi régnant du Manding, l'envoya de force à Sosso pour être l'épouse de Soumaoro dont il avait grand peur. Ses pleurs et ses protestations ne changèrent rien. C'est pour cela qu'elle se résigna et fit semblant d'être aimable avec Soumaoro. Quand elle devint la confidente de son époux, elle lui demanda une nuit les secrets de sa magie. Aveuglé par l'amour, Soumaoro l'introduisit cette nuit même dans sa chambre magique et lui dit tout : seule une flèche en bois, avec à la pointe un ergot de coq, pouvait l'atteindre.

Soumaoro entreprit une nouvelle offensive. Il avançait le long du fleuve pour barrer la route du Manding à Soundjata. Avant de quitter Sibi, Djata organisa un grand rassemblement de ses troupes afin de permettre à Balla Fasséké de raffermir par sa parole les cœurs des guerriers. Les paroles du griot eurent un effet tel que tous les chefs accomplirent des actions spectaculaires. Fran- Kamara fonça sur un grand caïlcédrat et, d'un coup de sabre, fendit l'arbre géant à la manière d'une papaye ; Kamadjan, le roi de Sibi, transperça de part en part, de son sabre, une grande montagne, sous la grande stupéfaction des guerriers…

Avant la guerre de Krina, les deux rois ennemis communiquent mystérieusement par l'intermédiaire des hiboux auxquels ils confient leurs paroles. Comme ils ne peuvent s'entendre, la guerre devient inévitable. Au cours de la bataille, face à la résistance farouche des Sossos, Soundjata chercha vainement à approcher Soumaoro. Celui-ci se replia loin derrière ses hommes, mais Soundjata le suivait des yeux ; il s'arrêta et tendit son arc. La flèche toucha Soumaoro à l'épaule et l'égratigna. Ses forces et son pouvoir l'ayant abandonné, il s'enfuit, poursuivi par Soundjata et Fakoli (son oncle devenu l'allié de Djata). Les Sossos s'enfuirent à leur tour et la déroute fut complète.

Djata et Fakoli, rattrapèrent les fugitifs, Soumaoro et son fils Sosso Balla, sur la montagne de Koulikoro. Bien que ces derniers furent à portée de lance, leurs poursuivants ne voulaient ni les tuer ni les blesser : ils voulaient les capturer vivants. Fakoli mit la main sur Balla et le ligota. Djata qui faisait la course derrière Soumaoro ne put pourtant pas l'attraper. Le vieux roi s'enfonça dans une grotte noire qui communiquait avec le fleuve et disparut à jamais.

L'éclatante victoire de Krina mettait définitivement fin à l'empire Sosso. De partout, les rois envoyaient leur soumission à Soundjata. Certains d'entre eux donnaient leurs filles en mariage au vainqueur. Soundjata décida de détruire Sosso, la ville de Soumaoro. En dépit du système de défense mis en place par Noumounkeba, un chef de tribu, en l'absence du roi et de son fils, Sosso fut pris en une matinée. Lorsque Djata donna l'ordre d'attaquer, les Sossos se défendirent en jetant de grosses pierres aux assaillants. A leur tour, les archers de Soundjata lançaient des flèches vers des remparts. D'autres, par contre, lançaient des flèches enflammées au-dessus des remparts ; les cases en paille prirent feu et la fumée monta en tourbillon. Les Sossos furent terrifiés à la vue de la ville en feu. Djata captura Noumounkeba et le remit entre les mains de Manding Bory.

Soundjata, guidé par Balla Fasséké qui connaissait les lieux, entra dans le palais à sept étages de Soumaoro. Il pénétra dans la chambre magique et fit descendre tous les fétiches. Toutes les femmes de Soumaoro, les princesses enlevées de force à leur famille, furent rassemblées. On rassembla également les captifs, mains liées au dos. Pour achever la destruction de Sosso, l'ordre fut donné aux prisonniers de bruler les dernières maisons et de détruire des murailles.

Après Sosso, Soudjata marcha sur le roi Diaghan qui avait été l'allié redoutable et inconditionnel de Soumaoro. Il marcha également sur Kita, la grande ville du roi puissant Kita Mansa qui était sous la protection des génies de la grande montagne de Kita Kouron. Au milieu de cette montagne, il y avait une petite mare aux eaux magiques. Qui buvait de cette eau devenait puissant. Mais comme les génies de cette mare mystérieuse étaient méchants, seul le roi de Kita y avait accès. Pour prendre la ville de Kita, Soundjata immola aux génies, sous les conseils des devins, cent bœufs blancs, cent béliers blancs et cent coqs blancs. Dans la ville, il n'y eut point de massacre. Seul le roi Mansa Kita fut tué devant son palais. Soundjata lui fit des funérailles royales. Pour avoir accès à la mare magique, il sacrifia cent coqs blancs aux génies de la montagne. Quand il but de cette eau, Soundjata fut transfiguré, car ses yeux avaient un éclat insoutenable et rayonnaient comme un astre.

De Kita, Soundjata se dirigea vers Do, pays de ses oncles maternels, où il reçut des honneurs dus à son rang. Il visita avec son griot la célèbre plaine d'Ourambata jadis terrorisée par le buffle de Do, le double de sa mère Sogolon. Il sacrifia sur le tertre élevé à la place où le buffle avait expiré un coq blanc. En signe de reconnaissance, Soundjata envoya de Do une ambassade chargée de riches présents à Mema chez Moussa Tounkara.

Au départ de Do, Soundjata se rendit à Kà-ba das le pays de Sibi où il rencotra tous ses généraux avec toutes leurs armées. Au cours de cette grande assemblée, douze rois des pays de la savane se levèrent pour proclamer Soundjata empereur. La cérémonie consistait en la prise de parole de chaque roi qui, à la fin, plantait devant la tribune officielle la lance symbolisant son royaume, en signe de reconnaissance de Soundjata comme roi unique.

Cette investiture se déroula dans une grande solennité : les musiciens de chaque pays se produisirent, à tour de rôle, au pied de l'estrade de la tribune impériale ; les tams-tams de guerre au son grave se firent entendre ; le griot donna le ton à la foule pour l'hymne de l'arc ; les chefs de guerre faisaient exécuter des pas de danses à leurs chevaux sous le regard de l'empereur… Dans l'après-midi, on assista au défilé des prisonniers et du butin de guerre. Les captifs avaient les mains liées et le crâne tondu. Derrière eux venait Sosso Balla placé au milieu des fétiches de son père.

A la fin du défilé, Soundjata s'adressa à tous les peuples réunis. Il arracha progressivement de terre toutes les lances et les remit à tour de rôle aux rois qui reçurent ainsi des mains de l'empereur leur royaume. Chacun se prosterna devant lui en signe de respect et de reconnaissance. Par cette cérémonie grandiose de prestation de serment, une alliance venait d'être scellée entre Soundjata et les douze peuples. Tous les rois prêtèrent le serment de fidélité à Sounjata et lui-même, à son tour, les reconnut comme vassaux.

Soundjata édicta ensuite les lois qui devaient régir les relations entre les tribus. Il prononça les interdits, établit les droits de chaque peuple et scella l'amitié des peuples.

Après cette grande assemblée constituante, Soundjata continua pendant quelques jours la fête à Kà-ba. Pendant cette période, il faisait égorger chaque jour des centaines des bœufs enlevés à l'immense trésor de Soumaoro. Les jeunes filles venaient déposer à la grande place de Kà-ba de grandes calebasses de riz et de viande qui permettaient à celui qui en éprouvait le besoin de manger à sa faim. Cette abondance soulagea le peuple dont les greniers avaient été vidés par un an de guerre.

Soundjata se dirigea ensuite vers Niani au Manding. Il devait, pour y arriver, traverser le Djoliba. Quand toute son armée traversa le fleuve, il ordonna des grands sacrifices en guise de remerciement à Dieu. Il fit immoler cent bœufs et cent béliers. Au Manding Soundjata reçut un accueil sans précédent. A son passage se dressaient des haies humaines qui voulaient voir de près le sauveur. Les femmes avaient tapissé la route de leurs pagnes multicolores afin que le cheval de l'empereur ne se salisse pas les pieds ; les troupes chantaient en même temps que la foule l'hymne à l'arc. Cette marche triomphante se termina devant Niani, la ville en ruine de Soundjata.

Soundjata reconstruisit et agrandit la petite ville de Niani. Il fit d'elle la capitale d'un grand empire. Sous son règne, la paix et l'équité furent rétablis. Il nomma son frère Manding Bory Vice-empereur. Pour faire régner la justice partout dans son royaume, il réunissait autour de lui chaque année les rois et les notables à Niani. Les autres grandes villes de cet immense empire furent : Kita, Tabon, Do, Kri, Koukouba, Batamba, Kambasinga, Diaghan, Mema et Wagadou. Soundjata mourut près de Niani.

yes

I want morebooks!

Buy your books fast and straightforward online - at one of world's fastest growing online book stores! Environmentally sound due to Print-on-Demand technologies.

Buy your books online at

www.morebooks.shop

Achetez vos livres en ligne, vite et bien, sur l'une des librairies en ligne les plus performantes au monde!
En protégeant nos ressources et notre environnement grâce à l'impression à la demande.

La librairie en ligne pour acheter plus vite

www.morebooks.shop

info@omniscriptum.com
www.omniscriptum.com

Printed by Books on Demand GmbH, Norderstedt / Germany